www.tredition.de

AF204274

**Ronald Ehlert-Klein und Hanna Falkenstein:
Politik mit Ecken und Kanten. Gespräche mit
Martin Bäumer**

www.tredition.de

© 2017 Ronald Ehlert-Klein

Verlag: tredition GmbH, Hamburg

ISBN
Paperback: 978-3-7345-7129-9
Hardcover: 978-3-7345-7130-5
e-Book: 978-3-7345-7131-2

Printed in Germany

Dr. Fritz Brickwedde: Vorwort

Martin Bäumer und ich kennen uns seit über zwanzig Jahren. Er ist in vieler Hinsicht ein untypischer Politiker. Er weiß, was er will, aber er ist gleichzeitig nachdenklich, er verfolgt beharrlich seine Ziele, aber nicht polternd, sondern eher leise. Und wer vermutet, dass ein wichtiger CDU-Politiker Öko-Nebenerwerbslandwirt ist, der keinen Alkohol trinkt und nur vegetarisch isst?

In keiner Weise entspricht er dem Klischee eines Berufspolitikers, der nach dem Studium ins Parlament wechselt, ohne jemals der Wirklichkeit der Mehrheitsgesellschaft begegnet zu sein. Solide Ausbildung als Sparkassenkaufmann – natürlich bei der Sparkasse Osnabrück – und als Sparkassenbetriebswirt bei der Akademie in Hannover bildeten die Basis für seinen beruflichen und politischen Erfolg.

Wenn man Martin Bäumer googelt und dabei natürlich den Glandorfer auswählt, dann kommt nicht zuerst der Politiker, sondern der Naturland-Hof Bäumer. Das ist ebenso sympathisch wie geschäftstüchtig. Zuerst werden die Familie Bäumer, Franziska, Johanna, Kerstin, Justus, Felix und Martin sowie der Hof und seine Öko-Angebote vorgestellt. Dabei spielt Tradition eine große Rolle: Diesen Hof gibt es bereits über 200 Jahre und im Jahr 2024 kann Familie Bäumer feiern, dass er sich exakt 200 Jahre in ihrem Besitz befindet.

„Wir leben auf einem Hof, den schon unsere Vorfahren bewirtschaftet haben. Wir haben diesen Hof aber nicht geerbt, sondern von unseren Kindern geliehen. Ihnen wollen wir ein Stück Land hinterlassen, auf dem auch sie künftig gesunde Lebensmittel herstellen können", sagt Martin Bäumer über das ideelle Erbe. Ist das konservativ oder *grün* oder eine Mischung daraus?

Martin Bäumer steht mit beiden Beinen fest auf der Erde. Er ist kein politischer Wolkenschieber, sondern realistisch und pragmatisch, wertgebunden und moderat, ein Kind des Osnabrücker Landes. Aber Vorsicht vor Klischees: Geboren wurde er 1967 in Mineola, New York. Es hätte also auch ganz anders kommen können. Rechtzeitig beendeten seine Eltern ihre Zeit in den USA, sodass Martin seine Sozialisation im vollen Umfang in Glandorf, Landkreis Osnabrück erfahren durfte.

Aber immerhin: Eine amerikanische Staatsbürgerschaft hat man von einer Geburt in den Staaten, und so ist Martin Bäumer ein Mann mit zwei Pässen.

Seit seinem 19. Lebensjahr engagiert er sich in der Jungen Union und der CDU. Seine Karriere ist von Kontinuität geprägt: Kreisvorsitzender der Jungen Union, Gemeinderat Glandorf, Kreistag: alles ehrenamtlich und berufsbegleitend. 2003 erfolgt die

Direktwahl in den Landtag, 2008 und 2013 schließlich die Bestätigung durch die Mehrheit der Wähler. Der nun hauptberufliche Politiker übernimmt zusätzlich die wichtige Aufgabe als Vorsitzender der CDU-Kreistagsfraktion. Im Landtag von Niedersachsen betraut ihn die Fraktion mit dem Amt des umweltpolitischen Sprechers.

Seine Überzeugung von der Bedeutung der Nachhaltigkeit teile ich. Wer in siebter Generation mit einem Hof verbunden ist, stellt hierfür selber ein sehr ideales Beispiel dar. Von diesem Prinzip der Nachhaltigkeit her den Vorrang der erneuerbaren Energien zu betonen und die Energiewende voranzutreiben ist nur folgerichtig. Seine Auffassung, die Kernkraftwerke noch einige Jahre weiterlaufen zu lassen, teile ich nicht. Österreich hat schon vor vielen Jahren per Volksabstimmung den Ausstieg vollzogen und weltweit werden heute mehr Mittel in Erneuerbare investiert als in fossile oder nukleare

Stromerzeugung.

Seine Abgrenzung von der Partei der Grünen kann ich absolut nachvollziehen. Es darf nicht die Rolle der Politik sein, ihre Auffassungen der Bevölkerung aufzuzwingen. Fleisch in öffentlichen Kantinen zu verbieten, wie die Grünen es wollten, kann nicht der richtige Weg sein. Wie es besser funktioniert, macht Martin Bäumer vor. Er hat für sich entschieden, kein Fleisch mehr zu essen. Des Weiteren betreibt er zusammen mit seiner Frau einen Naturlandhof mit strengen ökologischen Auflagen. Dabei geht es sowohl um das Tierwohl und um gesunde Lebensmittel. Er kritisiert zu recht, dass wir ausgerechnet bei unserer Ernährung der „Geiz-ist-geil"-Mentalität verfallen, statt auf Qualität, Gesundheit und Genuss zu achten. Aber auch der konventionellen Landwirtschaft gegenüber ist Martin Bäumer nicht belehrend. Er plädiert für Klasse statt Masse und die vermehrte Produktion von Obst und Gemüse.

Ebenso differenziert betrachtet Martin Bäumer seinen weiteren Schwerpunkt, die Bildungspolitik: „Es ist nicht damit geholfen, wenn der Schwache mittelstark wird und der Starke mittelschwach" – ein klassisches Bäumer-Zitat zum Thema und ein Plädoyer für Vielfalt und didaktisch-methodische Differenzierung. Er folgt der Auffassung des Bildungsforschers Hattie, dass für guten Unterricht in erster Linie die Lehrerpersönlichkeit entscheidend sei und nicht ein vermeintlich allein seligmachendes Einheitsschulsystem. Deshalb brauchen wir auch in Zukunft Schulen für unterschiedliche Begabungen, einschließlich Förderschulen, Schulen für Kinder mit sehr praktischer Orientierung und Gymnasien sowie berufsbildende Schulen als Partner im Dualen System. Die bildungspolitischen Überzeugungen von Martin Bäumer teile ich in vollem Umfang.

Ich wünsche Martin Bäumer auch in Zukunft viel Erfolg bei seinem Einsatz für die Menschen im Landkreis Osnabrück und als umweltpolitischer Sprecher der CDU-Landtagsfraktion für Natur, Umwelt und Klimaschutz in Niedersachsen.

Dr. Fritz Brickwedde,
Präsident des Bundesverbandes
Erneuerbare Energie

Eine Politik der Nachhaltigkeit

Hanna Falkenstein und Ronald Ehlert-Klein: Du gehörst der CDU an und vertrittst eine politische Linie der Nachhaltigkeit. Diese Kombination sorgt bisweilen für Irritation.

Martin Bäumer: Keine Partei setzt sich so für Nachhaltigkeit ein wie die CDU. Christdemokratische Politik ist nur unter dem Aspekt der Nachhaltigkeit auch glaubwürdig. Indem wir nämlich versuchen, mit Maßnahmen einen Impuls zu geben und diese dann alleine laufen. Das ist auch der größte Unterschied zwischen unserer Politik und der aus dem linken Spektrum. Deren Ideen lassen sich nur durch einen Maßnahmenkatalog und finanzielle Mittel umsetzen. Ich möchte dies mit einem chinesischen Sprichwort illustrieren: „Wenn dein Freund hungert, dann gib ihm einen Fisch." Das ist linke Politik. Jedoch geht das Sprichwort noch weiter: „Wenn du ihn liebst, lehre ihn fischen". Und das ist nachhaltig, wenn er nämlich alleine zurechtkommt.

Nachhaltigkeit betrifft nicht nur den gesellschaftlichen Bereich, sondern wird auch im Kontext der Ökologie verwendet.

Ökologisch müssen wir alles verhindern, was nicht korrigiert werden kann. Wir werden nie frei davon sein, Fehler zu machen. Davor ist niemand gefeit. Wenn ich ein Haus baue und das stürzt ein, ist es ärgerlich. Aber es ist lokal begrenzt und ich kann es erneut bauen. Wenn ich einen Fluss begradige und anschließend feststelle, dass das Ökosystem durcheinander gerät, dann kann ich das zur Not auch korrigieren. Das kostet jedoch viel Geld und Zeit. Anders verhält es sich mit dem Freisetzen von Radioaktivität. Diese ist in der Luft, im Wasser – eine

Gefahr für alle Lebewesen. Fracking oder Gentechnik sind weitere Beispiele, die einer genauen Prüfung bedürfen. Da ziehe ich die große Grenze. Das ist die Aufgabe der Politik, weitsichtig genug zu sein. Es gab in den 1970er-Jahren die Idee, radioaktiven Müll ins Weltall zu schießen. Die Raketentechnik galt als Meisterwerk der Ingenieurskunst. Quasi fehlerfrei. Dann explodierte im Januar 1986 die Trägerrakete, die die Raumfähre Challenger ins All bringen sollte. Nur drei Monate später kam es zu der verheerenden Reaktorkatastrophe in Tschernobyl.

Wie sieht Nachhaltigkeit auf gesellschaftlicher Ebene aus?

Der Begriff ist deutlich mit der Bildungspolitik verknüpft: Es geht darum, Menschen zu befähigen, Probleme zu lösen. Der Erziehungswissenschaftler Heinz-Elmar Tenorth prägte das Modell des „kompetenzorientierten Unterrichts". Diesen modernen Ansatz halte ich für richtig. Ich habe früher im Geschichtsunterricht unzählige Daten von Schlachten auswendig lernen müssen. Das erscheint wenig sinnvoll, wenn es nicht mit einem Verständnis der Vorgänge verknüpft ist. Zusammenhänge erschließen und Problemlösungsstrategien sollten den Kern des Unterrichts ausmachen. Dabei geht es auch um praktische Fragen: Wie funktioniert Haushalt? Wie repariert man etwas? Das ist alles viel wichtiger als grundsätzlich abstrakte Thematiken. Selbstverständlich möchte ich der Vektorgeometrie nicht ihre Existenzberechtigung absprechen, aber wir dürfen eins nicht vergessen: Bildung funktioniert nur mit Motivation Wenn ich als Schüler nicht von vornherein weiß, warum ich etwas lerne und was mir das bringt, dann werden meine Ohren ziemlich dicht sein. Wenn ich weiß, warum ich etwas lerne, erschließt sich mir eine neue Welt.

Bereits während Deiner Schulzeit warst Du in der Jungen Union engagiert. Wie kam es dazu?

Ich hatte schon immer Interesse, mich einzusetzen, das resultiert aus meinem Gerechtigkeitssinn heraus. So war ich auch mehrfach Klassensprecher. Es gab aber ein Schlüsselerlebnis in meinem Elternhaus: Damals wurde in dessen Umfeld die Straße neu gemacht werden und die Anlieger sollten Beiträge zahlen. Am Küchentisch gab es Diskussionen, ob alles mit rechten Dingen zugegangen sei. Eines Tages lud die CDU in der Gastwirtschaft hinter meinem Elternhaus zum Frühschoppen. Ich schlug meinen Eltern vor, dort hinzugehen und die Angelegenheit vorzubringen. Letztlich ging ich allein dahin. Ich war an dem Tag dort der einzige Bürger, sodass wir in Ruhe den Vorgang erörtern konnten. Ich habe die Finanzierung verstanden. Ein paar Wochen später, im Jahr 1986, erhielt ich von der CDU einen Anruf:

Die Frage lautete, ob ich mir vorstellen könne, bei den Kommunalwahlen zu kandidieren. Ich habe zugesagt, habe eifrig Plakate geklebt und mich mächtig ins Zeug gelegt. Am Ende hatte ich 69 Stimmen.

Da bei der Kommunalwahl in Niedersachsen jeder drei Stimmen hat, waren das 23 Wähler. Ich glaube, drei kamen aus meinem Elternhaus: Mama, Papa und ich. Das war schon ziemlich ernüchternd. Aber so habe ich gelernt, dass man Menschen nur überzeugt, wenn man deutlich macht, welche Ziele man verfolgt und dafür einsteht. Dass wir uns alle auch mal irren gehört dazu. Ein Politiker macht Fehler. Zu diesen sollte er stehen. Ehrlichkeit und Transparenz sind mir wichtig. Das ist keine Plattitüde, sondern meine Haltung.

I. Moderne Energiepolitik

Regenerative Energie ist ein Schlagwort, das im öffentlichen Diskurs häufig gebraucht wird. Was verbirgt sich konkret dahinter?

Die normalen fossilen Energien sind praktisch endlich. Wenn ich einen Liter Benzin oder ein Kilo Kohle verbrenne, hat sich nach dem Energieerhaltungssatz die Form geändert, und das Ausgangsmaterial ist nicht mehr nutzbar. Es dauert Millionen von Jahren, bis Kohle, Gas oder Erdöl entstehen. Anders verhält es sich mit regenerativen Energien. Sonnenenergie ist jeden Tag da. Analog verhält es sich mit Wind. Und selbst bei Biomasse ist das so, die ich aus Ackerfrüchten gewinne, die ich jedes Jahr ernten kann. Das geht alles viel, viel schneller.

Wasserkraft wäre noch zu erwähnen.

Wasser habe ich persönlich in der Regel nicht im Fokus, weil die daraus gewonnen Energie vordergründig sauber aussieht, aber auch sehr schmutzig sein kann. Wenn es einen Schwarm Fische durch eine schnell laufende Turbine treibt, dann hat man hinterher Fischstäbchen. Das ist nicht sehr angenehm.

Diese ersten drei Formen der Energie sind auch für Niedersachsen relevant?

Ja, wobei für Niedersachsen die Windenergie das ist, was am stärksten in Betracht kommt. Davon haben wir reichlich, auf dem Festland und auf der Nordsee: *onshore* oder *offshore*.

Jeder kennt Windräder, aber niemand möchte daneben wohnen. Welche Lösungen gibt es dafür?

Jede Woche erreichen mich zahlreiche Briefe, in denen Bürgerinnen und Bürger sagen: „Wir haben die Nase voll!" Das ist in der Tat ein Problem, es fällt mir auch schwer, das in einer Form zu lösen, die einer nachhaltigen Energiepolitik gerecht wird, und zugleich den ästhetischen Anspruch der Bürgerinnen und Bürger berücksichtigen kann. Die Sorge, dass sich das Problem durch die zeitnahe Abschaltung der Atomkraftwerke noch intensivieren wird, verstehe ich. Wobei wir hierbei ein klassisches Dilemma haben, entweder packen wir die Windkraftanlagen sehr nah an die Bevölkerung. Dann befinden sie sich dort, wo der Strom gebraucht wird, oder wir packen sie ganz weit weg, wo sie keinen stören. Es gibt in Niedersachsen immer noch einen Grundsatz über alle Parteien hinweg, dass wir sagen: "Wir wollen Windkraftanlagen nicht im Wald haben." Im Grund wäre dies die einzige Lösung, aber damit tue ich mich persönlich sehr schwer.

Warum?

Weil eine Windkraftanlage, die im Wald aufgebaut wird, den Wald verändert. Da müssen große Wege gebaut werden, damit die Anlage dort hin transportiert werden kann. Da wird ein Platz kahl gemacht, wo die Anlage stehen muss. Die Anlage dreht sich permanent im Wald, dann müssen Kabel gezogen werden von der Anlage zur Bevölkerung, wo der Strom verbraucht wird. Diese Aspekte halte ich für schwierig. Ich bin grundsätzlich dagegen, dass wir die gesamte Landschaft technisieren.

Welche Vor- und Nachtteile bietet die Offshore-Variante?

Wir haben uns in Deutschland darauf verständigt, dass wir die Anlagen sehr weit draußen installieren. Etwa 30 bis 50 Kilometer vor der Küste. Ich bin einmal mit dem Flugzeug von Hamburg nach Dublin geflogen, da konnte ich vor Großbritannien sehen, wie nah die Anlagen vor der Küste stehen. Das hat den Nachteil, dass man als Küstenbewohner, als Besucher oder als Badegast die Technik ständig vor Augen hat. Dafür sind die Fachkräfte sehr schnell vor Ort, was Montage und Reparatur der Anlagen angeht. Wir haben uns dazu entschieden, die Anlagen so weit draußen zu errichten, dass man sie selbst von den Nordseeinseln kaum sieht. Das heißt, die Montage ist sehr aufwändig und teuer, die Wartung auch. Man benötigt Flugzeuge und Hubschrauber und muss sehr lange Kabel verlegen.

Ändert sich durch die Entfernung der Wirkungsgrad?

Ja, das ist wie bei einem Wasserschlauch, den an die Wasserleitung anschließt. Je länger der Schlauch, desto geringer der Druck. Das gilt auch für die

Stromübertragung. Nichtsdestotrotz ist es so, wenn die Anlagen in der Nordsee stehen, haben sie die doppelte Wirkung wie auf dem Land. Deswegen kann man die Nachteile der längeren Kabel auch durchaus in Kauf nehmen.

Regenerative Energien werden ab 2022 den Wegfall der Atomkraftwerke ersetzen. Wie gut ist der Atomkraft-Ausstieg vorbereitet?

Deutschland leistet sich als einziges Land der Erde den Luxus, dass wir noch betriebsfähige Anlagen abschalten. Ich bin mir sicher, dass wir uns eines Tages die Frage stellenwerden, ob das eine weise Entscheidung war. Grundsätzlich ist es richtig, aus Risikotechnologien auszusteigen. Kernenergie hat mehrfach gezeigt, dass sie nicht immer komplett beherrschbar ist. Aber auf der anderen Seite ist es so, dass alle unsere Nachbarländer Kernkraftwerke weiterlaufen lassen und wir möglicherweise etwas zu schnell aussteigen. Der ursprüngliche Plan, bis 2030 oder 2035 zu warten war richtig. In sieben Jahren geht jetzt das letzte Kernkraftwerk in Lingen im Emsland vom Netz. Zwar macht die Kernkraft aktuell nur noch ein Fünftel der deutschen hiesigen Stromproduktion aus, aber dafür laufen die Anlagen in der Grundlast. Ich bin sehr skeptisch, ob es richtig ist, mit dem aktuellen Zeitplan auszusteigen. Zumal die Situation für uns nicht wesentlich besser wird. In unseren Nachbarländern laufen weiterhin Kernkraftwerke, wenn die mal Probleme haben, sind wir davon auch betroffen.

Auch die Endlagerung bereitet Schwierigkeiten.

Da ist die Frage, was man grundsätzlich will. Die meisten Menschen haben ein Problem damit, sich endgültig definitiv festzulegen. Keiner will endgültige Entscheidungen treffen.

Deswegen ist man inzwischen mehr oder weniger von dem ursprünglichen Plan abgekommen, die atomaren Abfälle in einen Schacht zu versenken, der anschließend auf Dauer verschlossen wird. Man hätte dann keine Chance gehabt, an diese Abfälle jemals wieder heranzukommen. Das Problem bei einer Lösung, die vorsieht, dass man an den Atommüll wieder herankommt, liegt auf der Hand: Wir wissen nicht, wer sich Zugang dazu verschafft. Nicht auszumalen, wenn Terroristen dies für sich ausnutzen. Man kennt das bisher nur aus irgendwelchen James-Bond-Filmen, die Zwischenlagerung macht diese Gefahr aber permanent möglich. Damit muss sich die Gesellschaft auseinandersetzen. Trotzdem geht der Trend eindeutig zur Zwischen- statt zur Endlagerung. Es gibt ja auch Ansätze, diese Abfälle noch einmal nutzbar zu machen. Das Verfahren nennt sich Transmutation. Ganz vereinfacht gesprochen: Die Abfälle sollen zum Zwecke der Energiegewinnung noch einmal verbrannt werden. Ob das wirklich geht, weiß ich nicht. Aber wer weiß, was in 100 Jahren möglich ist. Um 1900 hätte sich auch niemand vorstellen können, dass wir heutzutage im Internet surfen und Handys benutzen. Vielleicht verhält es sich hierbei ähnlich: Was wir heute als Abfall deklarieren, stellt in Wirklichkeit einen Wertstoff dar.

Wie weit ist der Stand der Forschung bei der Transmutation?

Nach meiner Kenntnis wird hierzu in Belgien sehr intensiv geforscht. Aber der ganze Prozess befindet sich noch im Anfangsstadium. Es gibt Ideen. Die sollte man nicht verwerfen. Was früher als schräge Idee galt, ist heute längst patentiert und findet Anwendung.

Eine andere Technologie, die in Deutschland kontrovers diskutiert wird, ist *Fracking*. Worin unterscheidet sich diese Methode von der herkömmlichen Gasgewinnung?

Fracking ist die Kurzform für Hydraulic Fracturing. Dabei werden mit großem Druck Gesteinsschichten aufgebrochen. Die herkömmliche Gasgewinnung funktioniert vereinfacht gesprochen in etwa so: Wenn man Lagerstätten angebohrt hat, befand sich dort eine riesige Blase, so eine Art Luftballon unter der Erde. Aber es gibt auch Lagerstätten mit im Stein oder anderem Material eingeschlossenem Gas. Wenn man diese Schicht anbohrt und mit Druck aufsprengt, stößt man auf poröse Kammern, in denen sich Gas befindet. *Fracking* versucht, eben aus diesen Poren noch die letzten Gasbläschen herauszupressen.

Das Hydraulische sagt bereits aus, das eine Flüssigkeit zum Einsatz kommt. Das ist für viele Menschen besorgniserregend: Das Pumpen einer Chemikalie in den Boden.

Genau. Das war am Anfang auch so, bei den ersten Versuchen, dass die Chemikalien sehr sehr aggressiv waren. Das müssen sie rein technisch sein, denn ohne diese Stoffe, kann das zugeführte Wasser zu Verstopfungen führen, weil sich bei großer Hitze Mikroorganismen entwickeln. Mittlerweile ist man jedoch so weit, dass man mit immer weniger Chemie auskommt, der komplette Verzicht darauf ist eine Perspektive. Die Frage, über die derzeit gestritten wird, ist, wie giftig diese Chemie ist. Die Dosis macht das Gift. Wenn wir heute Shampoo in die Haare geben, befinden sich darin ähnliche Stoffe wie in der Frackflüssigkeit.

In den USA wird *Fracking* viel häufiger angewendet.

Die Kernerkenntnis aus meiner Reise in die USA im April 2015 ist, dass das *Fracking* dort zu schnell angegangen wurde. Es wurden nach Aussagen von Kennern der Industrie am Anfang Fehler gemacht. Das kann man gesellschaftspolitisch sogar verstehen: Amerika ist eine Pioniergesellschaft, da hat man früher im Wilden Westen auch nicht diskutiert, sondern erstmal geschossen, und dann diskutiert, um das mal sehr flapsig zu sagen. Die haben einfach angefangen und dann festgestellt, dass in manchen Bereichen die Natur stark darunter leidet. Heute gehen die Ingenieure viel professioneller vor. Die Bohrstellen werden zum Beispiel komplett abgedichtet, sodass das Wasser durch eine Kunststoffschicht gesammelt wird. Das Fracking hat dafür gesorgt, dass die Energiepreise deutlich gefallen sind. In den Regionen, in denen man das Öl und das Gas fördert, geht es wirtschaftlich stark aufwärts. Das hat mich persönlich sehr nachdenklich gemacht. Man kann ja zu Fracking eine kritische Haltung beziehen. Aber man muss ehrlich sein, vieles von dem Gas, das wir aus dem Ausland beziehen, kommt zum Teil ebenfalls aus *Fracking*-Verfahren. Man sollte sich der Technologie nicht grundsätzlich verschließen, aber sicherstellen, dass Fracking nur unter sehr sicheren Bedingungen stattfindet.

Großbritannien gewinnt Gas aus dem *Fracking*. Der Brexit steht bevor. Wie sah die EU-Richtlinie aus?

Es gibt eine EU-Anweisung, die besagt, dass man die Technologie nur sehr vorsichtig anwenden darf. Das ist sehr unkonkret und wird von den Mitgliedsstaaten daher sehr unterschiedlich ausgelegt. Frankreich hat sich grundsätzlich generell gegen *Fracking* entschieden, dort gibt es aber auch kaum Lagerstätten. In Deutschland befinden wir uns inmitten eines Gesetzgebungsprozesses, der hoffentlich demnächst abgeschlossen sein wird. Dann werden wir ein Gesetz haben, mit dem *Frackingvorhaben* möglich sein können.

Insbesondere für Niedersachsen handelt es sich um eine alternative Energieform.

Das ist in der Tat so, weil wir hierzulande historisch bundesweit diejenigen sind, die in der Vergangenheit das meiste Gas geliefert haben. 90 Prozent des in Deutschland geförderten Gases kommt aktuell aus Niedersachsen. Es gibt hier eine Gesteinsformation, die sich von den Niederlanden über Hannover bis nach Berlin zieht. Darin befinden sich riesige Gaslagerstätten, die man nutzbar machen könnte. Natürlich nicht in Trinkwasser- und Naturschutzgebieten. Ich bin klar dagegen, dass man diese Ressourcen gefährdet. Dann lieber frieren als kein Trinkwasser zu haben.

Welche Technologie müsste angewandt werden, um sicherzustellen, dass kein Trinkwasser verseucht wird?

Ganz einfach: so wenig Chemie wie möglich. Am besten gar keine Chemie. Mittlerweile hab ich mal gelesen, wäre es möglich, das man nur mit Sand, mit Maisstärke und mit Wasser frackt. Vielleicht macht es doch Sinn, dass wir noch ein paar Jahre warten, bis man entweder ohne Chemie oder mit möglichst wenig Chemie auskommt.

Kommen wir von Zukunftsperspektiven zu derzeitigen Problemen, die konventionelle Ressourcen mit sich bringen. Aus Erdöl wird zum Beispiel Plastik hergestellt. Plastik lässt sich nicht mehr abbauen. Wie sollte man mit diesem Kunststoff umgehen?

Ganz einfach: Man sollte so wenig Plastik wie möglich einsetzen. Wobei das natürlich schwer fällt. Ich gucke gerade auf mein Telefon, das ist ja auch aus Plastik, der Laptop hier hat ganz viele Plastikanteile, trotzdem kann man in vielen Bereichen auch auf Plastik verzichten. Es muss nicht immer Plastik sein. Kann es nicht auch Holz sein? Oder Metall? Vieles von dem Kinderspielzeug, was aus Plastik ist, hält nur kurze Zeit und ist dann kaputt. Die Holzspielsachen unserer Vorfahren halten bis heute. Sie sehen vielleicht nicht so schön aus, sind aber noch funktionsfähig. Aus ökonomischer Sicht sollte man sich vor Augen halten, dass es sehr viel Energie bedarf, um aus dem Öl Plastik zu machen. Für den Recyclingprozess wird ebenfalls sehr viel Energie benötigt. Insofern ist es besser, weitestgehend auf Plastik zu verzichten, egal in welcher Form, ob große Dinge oder auch ganz klein.

Wie sieht denn generell die Perspektive für Erdöl aus. Es gibt Berechnungen, dass in 50 Jahren das Erdöl ohnehin verbraucht sei. Die Golfstaaten setzen mittlerweile nicht nur auf Erdöl, sondern auch auf regenerative Energien.

Das ist eine spannende Frage. Es gibt Wissenschaftler, die sagen, dass die Erdölverkommen längst erschöpft sein müssten. Es gibt die These vom abiotischen Öl, das sich permanent erneuern soll. Das widerspricht der herrschenden Meinung vom „Peak Oil" deutlich. Ich würde keine Förderprognose zum Öl stellen wollen. Aber auf bezahlbare, regenerative, saubere Energien zu setzen – dabei kann man doch gar nichts falsch machen.

II. Öffentlicher Nahverkehr: Auto und Alternativen

Die Autoindustrie ist in Niedersachsen auch nach Dieselskandalen ein wichtiger Wirtschaftsfaktor. Welche Form des Antriebs ist die Zukunftsperspektive?

Volkswagen fährt im Grunde eine breite Palette an Alternativen. So setzt der Konzern nicht nur auf Elektromobilität, sondern sollte auch dafür sorgen, dass die Fahrzeuge mit möglichst wenig Kraftstoff auskommen. Der Verbrauch der Fahrzeuge ist in den vergangenen Jahren deutlich heruntergegangen, aber das darf nicht nur auf dem Papier stehen. Auf der anderen Seite forscht VW nach alternativen Kraftstoffen.

Wie sollte Mobilität in einigen Jahren aussehen?
Das haben wir Landtagsabgeordneten im Jahr 2015

sehr intensiv mit einem Vorstandsmitglied der Stadtwerke Osnabrück diskutiert. Dabei ging es um den urbanen Raum und der ist komplett anders zu betrachten als eine ländliche Gegend. Hier brauchen die Menschen einfach ein Auto oder sogar zwei, hätte ich früher so pauschal gesagt. Fakt ist aber, dass ich mich für Mobilität stark mache. Und die kann auch anders gedacht werden als nur die vier Räder, mit denen ich mich fortbewege. Das kann sein, dass ich mit meinem Fahrrad zur nächsten Haltestelle fahre. Das kann sein, dass ich in den Bus steige und dann zum Bahnhof fahre. Vielleicht nutze ich auch Carsharing und die App auf meinem Handy sagt mir, wo das nächste Auto zur Verfügung steht. Das sind Konzepte, bei denen ich persönlich gar kein eigenes Auto mehr brauche.

Ich glaube, dass man Mobilität zukünftig nach dem Nutzen und dem Bedarf ausrichten wird. Heutzutage kaufen wir uns große Autos, in denen wir uns im

Regelfall allein fortbewegen. Die Reichweite eines normalen Arbeitnehmers können längst Elektroautos abdecken. Wir sprechen hier über 30 bis 60 Kilometer am Tag.

Trotzdem: Wir können nicht urbane Konzepte einfach auf den ländlichen Raum übertragen. Hier gestaltet sich Carsharing schwierig, weil ich weite Wege zurücklegen müsste, um an ein freies Auto zu kommen. Das ist absurd. Ich möchte nicht das Leben der Bürgerinnen und Bürger erschweren. Wenn die Technik soweit ist, dass ein Carsharing-Auto automatisch zu demjenigen kommt, der es benötigt, sieht die Sache schon wieder ganz anders aus.

III. Nachhaltigkeit und CDU

Nachhaltigkeit ist ein entscheidendes Stichwort Deiner politischen Vision. Inwieweit korrespondiert denn das auch mit Deinen Parteikollegen?

Ich bin in der CDU zu Hause. Die Partei entwickelt sich ja auch ständig weiter. Wer hätte gedacht, dass wir mal aus der Kernenergie so schnell aussteigen? Das hat Angela Merkel gemeinsam mit der CDU hinbekommen, insofern muss man sehen, dass man die Chancen nutzt. Konservative Werte und Nachhaltigkeit schließen sich doch gar nicht aus. Konservativ bedeutet, etwas zu bewahren. Ich denke, das Schaffen von Bedingungen, die die Natur und damit unsere Existenz bewahren, ist ein gemeinsamer Nenner, der viele Parteien verbindet.

Früher hieß es, die Kernkompetenz der Umweltpolitik liege bei den Grünen. Hat sich das inzwischen ohnehin alles aufgeweicht oder wie betrachtest du diesen Prozess so aus dem Innen heraus?

Den Grünen traut man im Bereich Umwelt und Energie am meisten zu. Sie sind eine Partei der „Gut-Menschen", die der Bevölkerung gerne vorschreibt, wie sie zu leben haben (Beispiel: Veggi-Day). Aus meiner Sicht agiert die Partei oft sehr plakativ und wenig strukturiert. Das unterscheidet die Partei von der CDU. Wir durchdenken Gesetzesvorschläge sehr dezidiert und das dauert auch bisweilen länger. Mit dem von der CDU beschlossenen Ausstieg aus der Kernenergie ist den Grünen ein wichtiges Thema abhanden gekommen. Man merkt, dass sie händeringend nach Alternativen suchen. Aktuell tummeln sie sich in der Landwirtschaft. Aber auch hier kamen wichtige Initiativen zum Tierschutz bereits von uns. Es gibt aktuell hier in Niedersachsen eine Beschlusslage, in der der Tierschutzplan des früheren Landwirtschaftsministers Lindemann (CDU) ausdrücklich begrüßt wird.

IV: Agrarwirtschaft – Die Rolle von *Bio*

Du bist seit einigen Jahren im Nebenerwerb Bio-Bauer, und hältst Hühner nicht im Sinne der konventionellen Landwirtschaft. Woher kam dieser Impuls?

Ich bin seit 2003 im Landtag, und habe in der Zeit auch im Ausschuss für Landwirtschaft arbeiten dürfen und viel erlebt. Der Punkt war, dass meine Frau gesagt hat, sie möchte gerne noch was anderes machen als Essen kochen, Kinder erziehen und die Wohnung putzen. Sie ist gelernte Industriekauffrau. Durch einen Zufall kamen wir auf die Idee für einen mobilen Hühnerstall: Der Stall wandert über die Rasenfläche, man hat immer eine frische grüne Wiese. Zu dem Zeitpunkt hatten wir bereits eine Dekade lang Hühner gehalten: zehn Hühner auf hundert Quadratmetern, das war vom Platz her deutlich über dem Bio-Standard. Dieser war uns auf jeden Fall wichtig, aus der persönlichen Erfahrung heraus: Konventionell erzeugte Produkte waren bei unseren Kindern für Allergien und gesundheitliche Produkte verantwortlich. Die Nachfrage nach Bio-Produkten ohne Schadstoffe und Pestizide steigt, das sehen wir auch in unserem Hofladen.

Das Engagement in der Bio-Landwirtschaft stieß aber nicht nur auf Gegenliebe?

Der Hofladen und seine Produkte sind ein Zeugnis, dass ökologische Landwirtschaft möglich ist. Natürlich haben wir mehr Arbeit und andere Preise, wir verkaufen unsere Eier für 40 Cent, der Standard liegt bei 18 Cent. Der Kunde muss somit eine Entscheidung treffen. Ich freue mich über jeden, der zumindest Lust hat, mal auszuprobieren wie unsere Eier schmecken. Die meisten unserer Kunden sind „Wiederholungstäter", die von der Qualität überzeugt sind. Neulich warb ein großer Supermarkt mit Eiern aus mobilen Ställen, da bekam ich schon Herzklopfen, ob sie unsere Preise unterbieten. Jedoch kosteten die Eier 50 Cent. Wir führen den Laden jetzt seit vier Jahren. Es hat gedauert, bis wir uns etabliert hatten. Am Anfang musste man zu niedrigeren Preisen an Großhändler verkaufen, um wenigstens die Kosten zu decken. Heute ist es so, dass wir oft zu wenig Eier haben. Wir verkaufen nur noch sehr ausgewählt und regional.

Wie funktioniert denn der Dialog mit den Vertretern der konventionellen Landwirtschaft?

Wir reden miteinander. Das Credo lautet, bei Hühnern sei die Freilandhaltung angenommen worden, aber Schweinen funktioniere es nicht, weil die Menschen dies nicht wollten. Tatsächlich werden weniger als ein Prozent der Schweine nach

Biokriterien gehalten. Landwirte, die es anders machen, werden kritisch beäugt.

Der Zug geht zu immer größeren Systemen. Früher hatte man 100 Sauen, dann waren es 500 und jetzt müssen es 1000 sein oder besser 3000. Ist es für Mensch oder Tier dadurch besser geworden? Es wurde viel Geld investiert in Maschinen, Melkroboter bei Kühen und ähnliches. Es herrscht der Glauben, dass Gewinne ausschließlich über Masse erzielt werden. Das Einzige, das uns rettet, ist die Qualität!

Aber das ist das Grundproblem beim Verständnis von Kapitalismus: die Mär vom ewigen Wachstum.

Wenn ich nach natürlichen Prinzipien wirtschafte, gibt es kein ewiges Wachstum. Der schönste größte Baum wird sterben und Platz machen für junge Bäume.

Ist Kapitalismus ohne ewiges Wachstum denkbar?

Ich brauche qualitatives Wachstum und muss den Menschen ermöglichen, dass sie Freude an ihrer Arbeit haben. Bei uns gab es einen Landwirt, der Kühe gehalten und schon vor vielen Jahren gesagt hat: das geht hier so nicht weiter. Wir sind unglücklich, müssen sieben Tage die Woche zwei Mal am Tag melken, haben keinen Urlaub, das kann nicht funktionieren." Was war die Idee? Drei Familien mussten sich zusammentun und einen Stall bauen, dann hat jeder jedes dritte Wochenende frei. Der Landwirt wurde scherzhaft als Kommunist bezeichnet. Der war damals sehr visionär, wir brauchen solche Leute, die sagen, wie es auch anders gehen kann. Die Väter sagen zu ihren Söhnen: „Was macht ihr denn da?" Das war schon immer so und muss sein, weil es sonst keinen Fortschritt gibt.

Bei uns in der Region gibt es viele, die erfolgreich Sonderkulturen, Spargel, Himbeeren, Erdbeeren zeihen. Aber die anderen mit der reinen Milch- und Fleischproduktion sind finanziell nicht glücklich mit dem, was sie tun.

Es geht aber nicht darum, den Landwirten zu sagen, wie sie arbeiten sollen. Es geht aber nur im Dialog, wenn man gemeinsam Ideen entwickelt, wie Produktion sein soll. Und eine Gesellschaft, die klar definiert und bezahlt, dass die Schweine ihren Schwanz behalten und den Hühnern die Schnäbel nicht gekürzt werden.

Was nur schwer nachvollziehbar ist: Ein Autobauer definiert den Preis des Endproduktes aufgrund der Summe der einzelnen Teile und das akzeptiert der Verbraucher. Ein Landwirt muss sich dafür rechtfertigen, dass ein Huhn oder

Schwein eine bestimmte Summe kostet, schon allein aufgrund von dessen Nahrung.

Das ist schon *schräg*. Im Grunde ernähren wir uns konventionell und fahren ein Bio-Auto, was die Preise angeht. Beim Auto ist jeder in der Lage zu begründen, warum bestimmte Marken teurer sind als andere. Das Qualitätsargument funktioniert. Anders hingegen bei den Nahrungsmitteln: Ich glaube, durch die Wirtschaftswunderjahre haben wir alles in uns hereingeschaufelt und geschmacklich und sensorisch verlernt, auf Qualität zu achten. Es ging nur um Masse. Das Gefühl für hochwertige Nahrungsmittel ist nicht mehr so da. Es gibt nur noch einzelne Menschen, die das können, die meisten sagen, das schmeckt alles gleich.

Dabei muss auch das Schmecken gelernt werden.

Vielleicht sind beim Auto auch die Folgen deutlicher: Wenn ich ein günstiges Auto kaufe und viel fahre, dann geht das schnell kaputt. In der Folge kaufe ich ein hochwertigeres Auto. Dabei wirkt die Ernährung auf den Körper, der ist aber sehr robust und es dauert relativ lange, bis ich etwas merke. Esse ich heute was Schlechtes und bin morgen krank, versteht man die Folgen. Aber in der Regel dauert es Jahrzehnte, bis die Folgen der schlechten Ernährung wahrnehmbar sind. Dann ist es meistens schon zu spät. Deswegen muss man gerade Kindern beibringen, dass es geschmackliche und qualitative Unterschiede gibt. Ich möchte niemandem Ernährung aufzwingen, aber eine Sensibilisierung für Unterschiede wünsche ich mir schon.: Wie schmeckt ein Tiefkühlsuppenhuhn vom Discounter und ein frisches aus der Biohaltung. Wenn wir Schulklassen auf dem Hof haben, dann kaufen wir auch mal konventionelle Eier und lassen die Kinder probieren. Die Landwirtskinder sagen: „Bei den konventionellen schmeckt mir das Eiweiß besser und bei euren das Eigelb." Sie trauen sich nicht zuzugeben, dass das eines besser schmeckt.

Es gibt die Idee der ästhetischen Erziehung, das heißt, wir sollen lernen zu hören, es gibt den Musikunterricht, wir sollen lernen zu lesen, da werden die Augen angesprochen, durch Turnvater Jahn gibt es die Idee der Motorik und des Sportunterrichts, wir sind uns einig dass schmecken und riechen entscheidende Sinne des Menschen sind, warum haben die in der Bildung nie ne Rolle gespielt?

Dem wurde bisher kein funktionaler Wert beigemessen. Ich denke aber, das wird sich in Zukunft ändern. Ein Argument gegen die konventionelle Landwirtschaft ist die Art der Tierhaltung. Andererseits geht es auch um den Geschmack. Dafür möchte ich werben, die Unterschiede zu entdecken. Ich mag es, wenn Mütter mit ihren Kindern kommen, um denen unsere Hühner zu zeigen. Die sind zutraulich und hauen nicht ab, sondern kommen auf einen zu und wollen Futter. Unsere Masthähnchen waren fast 100 Tage alt bei der Schlachtung und jeden Tag draußen, die sahen aus wie Sumoringer, mit kräftigen Beinen. Die waren trotz 14,50 Euro pro Kilo nach einem Tag ausverkauft.

Was auch für den ökonomischen Aspekt der Biohaltung spricht.

Es geht aber um mehr. Kinder, die uns besuchen, lernen, dass wir nicht nur in einer virtuellen Welt leben. Sie sehen, wie Landwirtschaft funktioniert. Umgekehrt lerne ich ebenfalls etwas. Aber wir wollen auch zeigen wie man es anders machen kann und den Kindern zeigen wie das ist. Nicht nur in einer virtuellen Welt aufzuwachsen, sondern ich muss jeden Tag raus, da gibt es Tiere, die legen Eier, die werden eingesammelt, sortiert und verkauft, das Geld muss passend rausgegeben werden, da steckt auch ein Erziehungsfaktor dahinter. Und ich lerne für meinen Beruf als Politiker auch permanent dazu. Was bewegt Landwirte? Wo überfordern die Bürokratie und die Kontrollen? Ein anschauliches Beispiel: Wir wollen jetzt unsere Suppenhühner in einer Behindertenwerkstatt einkochen lassen. Auf das Glas soll ein Aufkleber mit dem Etikett unseres Bioverbandes und bis das genehmigt wird, überlegt man schon, ob man nicht lieber die Suppenhühner so verkauft. Das ist doch absurd.

Ein weiteres Paradoxon: Wir spenden, um den Armen Essen zu ermöglichen. Um Preise stabil zu halten und weil die Größe oder Form nicht der Norm entsprechen, werden aber Lebensmittel vernichtet.

Ja, aber da ist auch wieder der Bürger gefragt. Der

wurde so erzogen, dass das alles schön und ohne Fleckchen sein muss. Da ist eben die Frage welche Werte zählen? Will ich Aussehen oder Geschmack? Wenn wir an den Hunger in der sogenannten Dritten Welt denken, sollten wir davon abkommen zu glauben, die Bauern müssten weltweit so arbeiten wie wir. Das läuft mit kleinen Hilfestellungen viel besser in deren Märkte eindringen, mit Geld oder Exporten.

IV: Die Bedeutung der Agrarwirtschaft und die Rolle der Fleischindustrie

Rein statistisch hängt jeder 20. Arbeitsplatz in Niedersachsen direkt oder indirekt an der Landwirtschaft.

Die Landwirtschaft besitzt in der Tat eine große Bedeutung in Niedersachsen. Neben der Automobilindustrie und dem Anlagen- und Maschinenbau handelt es sich um den stärksten wirtschaftlichen Zweig.

Was sind denn die Schwerpunkte der Landwirtschaft in Niedersachsen?

Dort, wo sich die guten Böden befinden – Hildesheim und Hannover, Richtung Magdeburg – wird Getreide angebaut. Bei den Rüben verhält es sich ähnlich, da kommt man erfolgreich ohne Veredlung klar. Veredelt wird in der Region, aus der ich komme: Weser-Ems. Hier gibt es nicht so gute Böden. In meiner Heimat liegt Sandboden, Getreide anbauen und verkaufen funktioniert hier nicht. Daher spielt die Haltung von Nutztieren eine deutlich wichtigere Rolle.

Nicht jeder Landwirt isst Fleisch.

Das ist wahr, auch nicht jeder Bürger isst Fleisch. Ich bin selbst schon etwa zehn Jahren Vegetarier.

Gab es dafür eine Initialzündung?

Nein. Das hat rein gesundheitliche Gründe und hat mit Landwirtschaft oder mit manchem, was Leute darin sehen oder sehen wollen, nichts zu tun.

Gesundheitlich heißt stoffwechselbedingt?

Ja, genau. Einfach um mal etwas an der Ernährung zu verändern, um die Gesundheit positiv zu beeinflussen.

Was hat sich dadurch verändert?

Ich fühle mich frischer, lebendiger. Ursprünglich hatte ich Hoffnung, dass sich meine Hautkrankheit dadurch bessert. Das ist bisher nicht eingetreten.

Früher hat die Bevölkerung einmal in der Woche, in der Regel am Sonntag, Fleisch gegessen. Heutzutage werden weltweit Felder und Wälder gerodet, um Platz für Herden zu schaffen. Übertreiben wir es mit dem Fleischkonsum?

Ich glaube, manch einer wäre gut beraten, wieder so vernünftig zu essen wie früher. Das würde ohne Frage der Gesundheit besser bekommen. In der Tat war das früher für uns besser. Die Experten streiten sich darüber, was der Mensch wirklich braucht. Ob wir Fleischesser sind oder Fruchtesser, es gibt dazu viele Untersuchungen. Ich halte es nicht für unwahrscheinlich, dass die Wissenschaftler recht haben, die behaupten, der Mensch sei ein Frugivore. Das heißt, der Mensch ist ein Fruchtesser und hat wenig mit Fleisch zu tun, eher mit Samen, Nüssen und Obst.

Was unser Gebiss auch bestätigen würde.

Genau. Gleichwohl es eine enge Verwandtschaft zwischen uns und den Schimpansen gibt. Die essen auch sehr wenig Fleisch und vermutlich ist es besser, dass man den Fleischkonsum reduziert bzw. qualitativ hochwertiges Fleisch konsumiert. Dieses erstrebenswerte Ziel: „Ich esse Fleisch und deswegen bin ich ein reicher Mann und es geht mir gut" - das wird zwar vielen Völkern eingeredet, aber es ist nicht erstrebenswert. Ich glaube das Gegenteil ist der Fall: Je weniger Fleisch man isst, umso wohlhabender ist man.

Weil damit auch das Risiko sinkt, an Krankheiten zu erkranken, die durch Prionen ausgelöst werden.

Wir wissen über dieses Phänomen noch sehr wenig. Fakt ist, dass „falsch" gefaltete Eiweiße beim Menschen schwere Krankheiten auslösen. Der sogenannte „Rinderwahnsinn" war ein prominentes Beispiel. Diese Krankheit ist heute fast in Vergessenheit geraten. Jedoch warnen Wissenschaftler nach wie vor dem Konsum von Fleisch, das Knochen enthält bzw. aus der Nähe von Knochen stammt.

Das ist natürlich eine Meinung die viele absolut stützen würden, die sicherlich Volkswirte auch stützen würden, weil uns würde es allen besser

gehen wenn wir auf Fleisch verzichten würden, aber wenn du sagst in deiner Region gibt es viele Landwirte die auf Fleisch setzen, als Politiker, du kennst von Ibsen der Volksfeind, da kommt ein Arzt in eine kleine Stadt in Norwegen, mit den besten Absichten und er stellt fest es werden viele Leute krank, er fängt an zu forschen woran das liegt. Nimmt Wasserproben und stellt fest dass das Wasser dort eine Katastrophe ist, das ist aber ein Kurort und er sagt, ok wenn hier weiter Leute kommen und baden und das Wasser sogar trinken, dann werden die davon krank. Der Umkehrschluss ist aber dass die Leute auf ihn, den Volksfeind, losgehen, weil diese Wahrheit keiner hören will. Als Politiker bist du nun einerseits gezwungen Wahrheiten voranzubringen, andererseits natürlich auch deine Region zu vertreten, wie schaffst du diesen Widerspruch?

Ich glaube, ein radikaler Systemwechsel wird nicht erfolgreich sein. In der Vergangenheit haben wir langsam auf mehr Fleisch gesetzt. Und diese Zeit sollten wir und nach meiner Auffassung nehmen, um den Konsum nun auch langsam wieder zu reduzieren. Aber das kann und will ich niemandem vorschreiben. Meine persönliche Meinung ist, bei Fleisch weniger auf Masse und mehr auf Klasse zu setzen. Für bessere Qualität werden Landwirte auch höhere Preise erzielen. Im Augenblick ist der Fokus auf der Masse. Man kann ein einfaches Rechenbeispiel nehmen: Ein Landwirt erhält für ein Masthähnchen aus konventioneller Produktion ungefähr einen Euro pro Kilogramm. Das ökologisch produzierte Biohähnchen im Laden kostet zwischen dreizehn bis fünfzehn Euro pro Kilogramm. Da liegen Welten dazwischen.

Etliche Verbraucher argumentieren, dass die Medikamente, die den Tieren in der konventionellen Landwirtschaft gegeben werden, ihrer Gesundheit schaden.

Es ist immer die Frage, wie lasse ich die Tiere aufwachsen? Wir haben momentan die Situation, dass wir die Tiere teilweise noch in Ställen halten, die weder gesund sind, noch unserem Empfinden einer gerechten Tierhaltung entsprechen. Ein Tier leidet, wenn es nicht die Sonne sieht und wenig Platz hat. Die Stresshormone tun dem Fleisch nicht gut. Das ist die ethische Komponente, die ein Landwirt beachten sollte. Es gibt auch eine ökonomische: Mit mehr Tieren an frischer Luft und weniger Medikamenten sinken die Arzneikosten. Aber natürlich braucht es auch immer noch den Kunden, der das Ganze preislich mitmacht.

Das sagt sich relativ leicht aus der Perspektive eines Bio-Landwirts.

Das ist bei mir ein Nebenerwerb. Darüber hinaus sollten die Bürger nicht nur reden. Jeder kann jeden einzelnen Tag mit seinem Geldbeutel das Bild der Welt verändern. Es hilft nicht, wenn der Landwirt sich umstellt, aber keiner seine Produkte kauft. Auch der Kunde muss sich neu orientieren.

Aber welchen Anreiz hat der Verbraucher? Im Discounter kauft man Fleisch billiger als Hundefutter. Das Fleisch ist billig, weil die Tiere schlecht behandelt werden, was wiederum christlichen Werte konterkariert. Wie kommt man denn mit der Fleischlobby ins Gespräch? Vernunft oder Ethik spielen bei der Ernährung offensichtlich eine untergeordnete Rolle.
Ich glaube, man kann dem Landwirt keinen Vorwurf

machen. Der wurde über all die Jahre in eine Rolle gedrängt, in die er meiner Meinung nach nicht passt.

Der Landwirt gehört nicht unbedingt der Fleischlobby an.

Der Landwirt sollte in der Vergangenheit dafür sorgen, dass der Bürger möglichst wenig von seinem Einkommen für Nahrungsmittel ausgibt. Daran ist grundsätzlich nichts auszusetzen. Das hat in Deutschland in der Vergangenheit wunderbar funktioniert. Jedoch sollten wir beachten: Die Menschen geben weiterhin viel Geld für andere Dinge aus und die Frage ist, ob das sinnvoll ist. Ernährung spielt in Deutschland eine nachgeordnete Rolle. Das betrifft dann auch die Fleischindustrie. Will diese längerfristig im Geschäft bleiben? Wir haben momentan einen sehr starken Trend, was Vegetarismus und Veganismus angeht, das betrifft auch Rohkost. Wenn das so weitergeht, wird man sich irgendwann über Fleisch gar nicht mehr unterhalten. Die Fleischindustrie hat nach meiner Meinung die Chance, qualitativ hochwertiges Fleisch unter gesellschaftlich vertretbaren Bedingungen zu produzieren, oder sie ist vollkommen außen vor. Es wird sich irgendwann eine Generation bilden, die sagt, ich komme auch vollkommen ohne Fleisch aus. Das ist sicherlich visionär und passiert nicht morgen, aber diesen Trend, was Alternativen zu Fleisch angeht, den spüre ich schon sehr deutlich.

Es gibt ja diesen Spruch: „Die Wurst ist die Zigarette von morgen." Dann kann auch die Landwirtschaft ein Problem kriegen. Ich sage immer, schaut euch sehr intensiv an, was mit der Atomindustrie passiert ist. Hier wurde viele Jahrzehnte gedacht, dass diese Sparte die Menschheit mit Strom versorgt und daher gebraucht wird. Heute ist Atomstrom ein

Auslaufmodell. Bestimmten Sparten in der Landwirtschaft kann das genauso gehen, wenn es nicht gelingt, der Bevölkerung klar zu machen, dass man sie braucht.

Wenn Fleisch eventuell ein Auslaufmodell ist, was bietet sich dann als Alternative für die Landwirte der Region?

Es wird nicht heute oder morgen sein: Aber man kann sich auf die Produktion von Obst und Gemüse konzentrieren.

Welche Sorten sind dabei gefragt?

Möhren, Zwiebeln, Brokkoli, Kohl, zum Beispiel. In meinem Garten wachsen hervorragend Brennnessel und Franzosenkraut, da würde jeder sagen das kann man gar nicht essen. Ich esse mit Vorliebe eine schöne Brennnesselsuppe, man kann

Brennnesselpizza machen, man sollte offen sein. Als Landwirt und Kleingärtner ist man nur so erzogen: O Gott, das ist ganz fürchterliches Zeug. Aber Franzosenkraut hat 10 bis 100 Mal mehr Vitamin C als Kopfsalat und das reißen wir raus und dann bauen wir dann eine moderne, schnellwachsende Sorte Kopfsalat an und werden nicht satt. Das ist nicht schlau.

Jetzt sagt der Landwirt aber vielleicht: Was interessiert mich der Vitamingehalt? Mich interessiert, was am Ende des Monats unterm Strich aufm Konto bleibt. Das kann man ja verbinden. Der Bürger ist auch gefragt, der muss schauen, womit er sich da ernährt. Was bringt möglichst viel Zusatznutzen? – Vitamine, Mineralstoffe. Wenn ich viele Mineralstoffe habe und dadurch weniger vom Produkt brauche, dann kann der Preis auch höher sein.

Aber sind Lebensmittel nicht ohnehin viel zu billig? Fast alles ist subventioniert.

Das ist ein Irrtum. Es gibt keine pauschalen Subventionen. Der Landwirt, der ein gewisses Einkommen hat, bekommt eine gewisse Prämie für Grund und Boden. Wenn er viel Masse macht, dann wird er dafür honoriert und bezahlt, aber wir fragen selten nach Qualität. Wer mal Tomaten im eigenen Garten hatte, der weiß, dass es im Vergleich zum Discounter einen gewissen Unterschied gibt. Wenn ich meine kleinen Tomaten aus dem Garten esse, brauche ich nur etwas Salz und die große Tomate aus dem Discounter schmeckt nach nichts. Das ist auch was, was wir unseren Kindern vermitteln müssen. Größer ist nicht unbedingt besser, Geschmack und Geschmackserlebnis müssen transportiert werden.

V. Gymnasium und Gesamtschulen

Was sind derzeit in Niedersachsen die größten Problemfelder im Bildungsbereich?

Wir haben in Niedersachsen eine Regierung, die nicht so wirklich weiß, ob sie die Gymnasien abschaffen möchte, um nur noch auf Gesamtschulen zu setzen. Ich bin davon überzeugt, dass man jedes Kind individuell mit seinen Stärken und Schwächen annehmen und dementsprechend fördern muss. Das ist wie beim Sportverein: Je nach Leistungsniveau trainieren die Kinder in unterschiedlichen Mannschaften.

Was spricht dagegen, das an einer Gesamtschule umzusetzen?

Es ist nicht damit geholfen, wenn der Schwache mittelstark wird und der Starke mittelschwach. Es muss Zeit für Differenzierung da sein, differenzieren kostet immer Ressourcen, somit Geld und Lehrer, die vielleicht gar nicht da sind. Wenn man das Versprechen macht, dass man differenziert, muss es erfüllt werden und wenn es nicht erfüllt wird, hat man ein Problem.

Aber es auch bestimmte Vorgaben von der OECD, die beispielsweise sagt, Deutschland habe zu wenig Abiturienten.

Wir haben genug! Vierzig Prozent der Schülerinnen und Schüler entscheiden sich für das Gymnasium. Aber die anderen sechzig Prozent benötigen wir doch ebenso! Wir brauchen junge Menschen, die ein Handwerk erlernen möchten. Was nützt es, wenn einige vielleicht den verkehrten Studienweg einschlagen, dabei auf der Stelle treten und keiner mehr da ist, der ein Haus bauen oder Sanitärabflüsse reparieren kann. Auch im Handwerk gibt es

Aufstiegsmöglichkeiten, man kann den Meister und sich selbständig machen. Ich halte es immer für falsch, den Leuten zu suggerieren, das Gymnasium oder das Abitur sei der einzige Weg zum Erfolg!

Ohnehin ist es unsinnig, das deutsche Bildungssystem mit Eigenheiten wie Ausbildungsberufen mit Ländern zu vergleichen, die über ein College versuchen, junge Männer und Frauen auf das Berufsleben vorzubereiten.

Ein derartiger Vergleich ist auch nicht sinnvoll. Wir haben das bewährte System der dualen Berufsausbildung und das möchte ich mir auch nicht kaputt machen lassen. Aufgrund des föderalen Systems in Deutschland ist bereits das Abitur in Bremen nur schwer mit dem in Bayern vergleichbar. Wie soll das dann länderübergreifend funktionieren? Früher gab es in Deutschland weniger Abiturienten, aber sehr gute Handwerker oder Kaufleute, die sich gegebenenfalls über den zweiten Bildungsweg die Möglichkeit des Studiums erschlossen haben. Heute haben wir statistisch mehr Abiturienten, aber vielen fehlt die berufliche Orientierung.

Wie einig sind sich denn die Partien in der Bildungsperspektive?

Wir in der CDU sind davon überzeugt, dass das Gymnasium auf jeden Fall erhalten bleiben muss. Diejenigen, die leistungsstark und lernwillig sind, gefordert werden müssen. Darüber hinaus muss es ein System geben, das die Kinder auf den Beruf vorbereitet. Wichtig ist die Durchlässigkeit des Bildungssystems, sodass auf den zehnjährigen Schulabschluss später das Abitur folgen kann. Begriffe wie Oberschule, Realschule oder Hauptschule, sind zweitrangig.

Aber gibt es parteienübergreifend einen Konsens?

Nein. Es hat zwar immer Kompromiss-Versuche gegeben, aber vor allem Grüne und SPD sind sehr von der Richtigkeit ihrer bildungspolitischen Ansätze überzeugt. Ich glaube, wir werden in ein paar Jahren das Debakel sehen und dann sind diese Parteien hoffentlich weniger beratungsresistent.

Bildungsexperten vermuten, dass Rot-Grün langfristig die Abschaffung des Gymnasiums plant.

Den Verdacht haben wir auch. Die Ressourcen werden auf die Gesamtschulen gelenkt und bei den Gymnasien gibt es massive Kürzungen.

An Gymnasien werden Stellen nicht besetzt, so geht das System zwar nicht sofort kaputt, wird aber langsam marode. Die Lehrer werden sagen: „Du kannst besser an eine Gesamtschule gehen, da hast du alles, was du brauchst und am Gymnasium musst du kämpfen."

Das heißt, die Ausstattung der Gesamtschulen ist mittlerweile besser als die anderer Schulen?

Die ist viel besser. Hinzu kommt, dass Eltern suggeriert wird, dass die Gesamtschule das einzig Heilbringende sei. Mir persönlich fehlt die Phantasie zu glauben, dass solche Systeme in der Lage sind, all das abzubilden, was eine Oberschule oder Realschule heute leistet: beispielsweise Kooperationen mit örtlichen Unternehmen, bei denen sich Schulleiter und Unternehmer bezüglich freier Stellen und interessierter geeigneter Schüler austauschen, Ich bin immer für kleine feine Systeme vor Ort, in denen ein persönlicher Kontakt herrscht. Die großen Systeme mögen bildungstheoretisch perfekt laufen – da wird mit ganz vielen

Arbeitsgemeinschaften, Auslandsaufenthalten, Schulpartnerschaften und Schüleraustausch geworben – aber das Wichtige ist doch, Kindern Wissen und Sozialkompetenz zu vermitteln. Man muss den reibungslosen Übergang von Schule in den Beruf ermöglichen. Der Job des Lehrers darf nicht damit aufhören, dass er sagt: „Ich gebe dir jetzt ein Zeugnis und dann verlass bitte die Schule." Erst wenn der Schüler an eine weiterführende Schule oder in ein Ausbildungsverhältnis vermittelt werden konnte, wurde wirklich etwas erreicht. Die Arbeit der Schulen kann man nicht daran messen, ob wir jetzt 40 Prozent Abiturienten haben, sondern ob die Kinder optimal aufs spätere Leben vorbereitet werden.

Es gibt in einigen Bundesländern die Diskussion, ob man zum Abitur nach 13 Jahren, zu

sogenannten G9, zurückkehren sollte. Wie ist deine Position dazu?

Ich erinnere mich noch an die Diskussion zum Abitur nach zwölf Jahren. Damals hieß es, im restlichen Europa seien die Absolventen der Universitäten viel jünger als in Deutschland, was uns Nachteile beschere. Wir haben die Schulzeit verkürzt, aber den Fehler gemacht, die Rahmenlehrpläne nicht entsprechend anzupassen. Die Kinder wurden fürchterlich überfordert, es gab Unterricht ohne Ende, schon in den niedrigeren Gymnasialklassen. Das war der Fehler, deswegen habe ich großes Verständnis für die Rückkehr zum Abitur nach 13 Jahren. Man muss es nicht rigoros halten, und könnten denjenigen, die das Abitur nach zwölf Jahren schaffen können, auch die Option offen halten. Die anderen sollen sich aber nicht derartig quälen, dass sie danach eine zweijährige Weltreise machen müssen, um sich zu erholen. Damit erreichen wir nichts. Die Jugendlichen sollen auch während der Schulzeit Zeit für Hobbys haben. Das Leben besteht nicht nur aus Schule.

Hochrechnungen zufolge kommen im Augenblick jedes Jahr mehr als eine Million Flüchtlinge nach Deutschland. Ein Großteil aus dem arabischen Raum, das heißt, es handelt sich um einen anderen Kulturkreis und eine andere Sprachfamilie. Wie kann man diese Kinder in das deutsche Schulsystem integrieren?

Das braucht erst mal ganz viel Förderung im Bereich Sprache, denn diese ist die Schlüsselqualifikation für alles andere. Wenn die Gesellschaft die Integration will, müssen viele Ressourcen eingesetzt werden. Ich habe ein Beispiel eines christlich geprägten Mädchens aus Syrien bei mir im Wahlkreis. Sie kam vor neun Monaten nach Deutschland. Sie spricht fast akzentfrei und ist unheimlich motiviert. Da mache ich mir wenig Sorgen um Integration und den Schulabschluss.

VI. Bildung und Inklusion

Es gibt ein großes bildungspolitisches Stichwort: Inklusion. Das bedeutet, dass Kinder mit Förderbedarf an die Regelschulen kommen. Eigentlich eine gute Idee?

Die Idee klingt in der Tat gut. Initiiert wurde sie von den Vereinten Nationen. Dabei geht es darum, nicht länger Kinder mit Behinderungen wegzusperren und ihnen Bildungschancen zu verwehren. Leider findet so etwas noch in vielen Staaten statt. Allerdings nicht in Deutschland. Hierzulande gab es Förderschulen, die Kinder mit einem speziellen Bedarf in Bereichen wie Lernen, Sprache oder Körperbehinderungen vernünftig und ganz gezielt förderten. In diesen geschützten Räumen mussten die Kinder keine Ausgrenzung befürchten und wussten, dass die Lehrenden sich individuell um sie kümmern. Wenn man die Idee der Inklusion konsequent umsetzt, müsste es in den Regelklassen nicht nur einen Lehrer, sondern zwei oder drei geben, die auch für den jeweiligen Förderbedarf ausgebildet sind. Das findet in Niedersachsen nicht statt.

Das betrifft nicht nur Niedersachsen, sondern alle Bundesländer.

Es entsteht dabei schnell das Dilemma, dass die Lehrkraft merkt, dass für eine individuelle Förderung sehr viel Zeit und Zuwendung nötig ist, die dann anderen fehlt. Dann fühlen sich die anderen Kinder nicht ausreichend gewürdigt, es führt zu Konflikten mit den Eltern und der reguläre Lehrbetrieb gerät in eine Schieflage.

Leider wird die Inklusions-Debatte ideologiegetrieben geführt und denjenigen, die fehlerhafte Mechanismen hinterfragen, unterstellt wird, dass sie gegen die Chancengleichheit der

Kinder seien. Das ist unsachlich und völlig falsch: Mir liegt die Chancengleichheit enorm am Herzen. Ich möchte verhindern, durch den Schulbesuch frustriert sind. Motivation ist entscheidend für den Lernerfolg. Ich habe mehrfach Schilderungen von Eltern gehört, die beklagten, ihr Kind sei an der Regelschule überfordert gewesen. Nachdem sie es durchsetzen konnten, dass das Kind am Förderzentrum beschult wurde, sei es wieder aufgeblüht. Es gibt in Niedersachsen einen konkreten Fall, bei dem sich Eltern an einer Förderschule eingeklagt haben, weil das defizitäre Inklusions-Konzept ihrem Kind schadete. Wir wissen, dass Bildung Geld kostet. Inklusion erfordert Investitionen. Eine Landesregierung, die hofft, Geld zu sparen, indem ein Schultyp komplett abgeschafft wird, schadet den Kindern.

Neben der Fortbildung von Lehrern und der Einstellung weiterer Pädagogen stellt auch die bauliche Infrastruktur eine Herausforderung dar. Ein Kind, das im Rollstuhl sitzt, kann nicht an einer Schule ohne Fahrstuhl unterrichtet werden können.

Wobei das ein geringeres Problem ist, denn der Umstand ist durch eine einmalige Investition zu beheben. Aber hier drückt sich der Irrsinn aus. Ein Förderzentrum mit Fahrstuhl und Pädagogen wird aufgelöst. Die Kinder werden auf fünf verschiedene Schulen verteilt, in denen fünf verschiedene Fahrstühle gebaut werden und die Lehrkräfte zwischen den Schulen pendeln müssen. Ein durchdachtes System klingt für mich anders.

Die OECD und Unicef Deutschland kritisierten aber, dass an Förderschulen kein Schulabschluss angeboten wurde.

Was aber nicht korrekt ist. Es gab an den Förderzentren in Niedersachsen den Hauptschulabschluss. Die Förderschullehrer hielten zu den Unternehmern vor Ort Kontakt und waren im permanenten Dialog. Früher erhielten die Unternehmen eine Vielzahl an Bewerbungsschreiben und suchten sich die vermeintlich Besten aus. Das hat mit Sicherheit nicht optimal funktioniert, es zu sehr auf Noten oder auf das Äußere geschaut. Wichtiger ist es, und dieses Umdenken hat auch stattgefunden, wie die Unternehmen das Potential der jungen Menschen vor Ort optimal ausnutzen können. Wie sind ihre individuellen Talente im jeweiligen Unternehmen einsetzbar? Diese Kommunikationen können Lehrkräfte einer IGS mit großen Klassen gar nicht leisten.

Kann der Verzicht auf das Beifügen eines Fotos

im Bewerbungsschreiben Diskriminierung verhindern?

Ich halte sehr viel von Ehrlichkeit. Der Glauben, der Verzicht auf die Fotos würde helfen, ist eine Illusion. Beim Bewerbungsgespräch zählt der optische Eindruck. Ich würde mich als Unternehmer von Äußerlichkeiten nicht abschrecken lassen. Jemand, der sich pflegt, pflegt auch Maschinen und Material.

VII. Bildung im Allgemeinen

In Erfolgsfilmen wie „Fack ju Göte" wird Deutschlands Bildung noch immer als elitär dargestellt.

Bildung ist alles andere alles elitär: Grundfertigkeiten wie Lesen, Schreiben und Rechnen gehören dazu. Schulbildung sollte auf das Leben vorbereiten. Dafür gibt es unterschiedliche Wege. „Fack ju Göhte" zeigt dies sehr anschaulich. Als der Lehrer mit der Klasse einen Drogenabhängigen besucht, hat das bei den Jugendlichen einen nachhaltigeren Eindruck als die Bearbeitung eines Arbeitsblatts und die Romantisierung des Drogendealers ist ganz schnell passé und die Jugendlichen entscheiden sich für einen anderen Weg. Das ist die Aufgabe von Bildung – das Aufzeigen von Lebensentwürfen. Ebenso wichtig ist es, den Kindern zu zeigen, dass das Leben nicht ausschließlich aus der Steckdose kommt. Manche Schulen haben einen Garten und Tiere, so lernen die Kinder einen viel selbstverständlicheren Umgang mit der Natur, der vor allem in urbanen Regionen verloren geht.

Vielleicht haben wir auch deswegen heute das Problem, dass die Menschen soweit vom Thema Landwirtschaft weg sind. Ich glaube Aufgabe von Bildung ist es aufs Leben vorzubereiten.

Was zählt denn zu diesem allem anderen was du gerade angesprochen hast? Was muss Schule primär leisten?

Wir müssen den Kindern beibringen, welches die nötigen Werkzeuge sind. Methoden. Und danach können sie dann selbst damit arbeiten. Und das ist unterschiedlich, den Einen interessiert dies und den anderen das, aber ich muss den Kindern im Grunde beibringen wie man lernt. Das Lernen lehren.

Wenn du jetzt mal an deine eigene Schulzeit zurückdenkst, gab es da Momente, in denen du gedacht hast: „Wozu lerne ich?"

Klar. Das kennt doch jede Schülergeneration. Das ist in der Wissensvermittlung ein Grundproblem: Wenn das Herz nicht angesprochen wird, dann kann der Verstand nicht richtig funktionieren. Es gibt sehr anschauliche Beispiele: Wenn sich zwei Menschen aus unterschiedlichen Kulturkreisen ineinander verlieben, lernen sie die Sprache des Partners deutlich schneller. Schüler sperren sich gegen Stoff, wenn sie den Sinn dahinter nicht verstehen. Ich wäre fast beim Matheabitur gescheitert, weil ich an der Vektorgeometrie verzweifelte. Die Fachdidaktik ist sich bewusst, dass den Schülerinnen und Schüler Lebensnähe vermittelt werden muss. Der schwarze Peter liegt daher nicht bei den Schülern. Lehrer müssen Begeisterung für ihr Fach wecken können.

Die Vermittlung von Alltagsnähe liegt doch auf der Hand. Wenn ich jemandem beibringe: Das ist eine Fläche und danach, wie er die Fläche ausrechnet und wird er denken: „Toll, aber warum brauche ich das?" – Dabei ist es so einfach zu sagen: Wir haben eine Tapete und wollen die streichen. Daher brauche ich die Größe der Fläche, um zu wissen, wie viel Farbe ich brauche. Der praktische Bezug muss hergestellt werden, alles andere erfolgt von ganz alleine.

Vielleicht ist der Lebensbezug auch schwierig er vermitteln, wenn der typische Lebensweg eines Lehrers lautet: Schule, Lehramtsstudium, Schule. Auch Politikern wird bisweilen Lebensfremdheit vorgeworfen.

Verständlich. Ich war zwar schon als Jugendlicher politisch aktiv, aber der klassische Weg Gymnasium, Abitur, Junge Union, Studium der Politikwissenschaften studieren und dann als

Mitarbeiter eines Politikers anfangen, war mir suspekt. Ich wollte nie im eigenen Saft bleiben, sondern über den Tellerrand hinaus schauen. Ich würde Lehrern nie ihren Lebensweg vorschreiben wollen. Die Motivierten werden ohnehin versuchen, mehr als das Schul-Biotop zu kennen. Man könnte aber auch im Rahmen des Studiums ein verpflichtendes Praktikum machen oder nach dem Studium erst einmal alle in die freie Wirtschaft schicken, das wäre für alle befruchtend. Für die Unternehmen wäre es hilfreich, Beschäftigte mit einem ganz anderen Blick zu haben. Umgekehrt mag es Lehrern helfen, Kinder gezielter auf das Berufsleben vorzubereiten. Wobei ich davor warnen möchte, schmalspurig auszubilden. Die Kinder sollen schon ein breites Wissen haben und dann ihre Entscheidungen treffen.

Der Wechsel des Blinkwinkels ist nicht nur für Schüler oder Lehrer sinnvoll.

Jeder kann mal was anderes machen.

Exakt, das ist aber im klassischen deutschen Karriereweg nicht vorgesehen. Im Gegensatz zu Dänemark, Frankreich, wo ein Sabbatjahr vollkommen normal ist und dazugehört.

In Deutschland hat man Angst davor.

Warum?

Schwer zu sagen. Es fängt doch bereits damit an, dass sich Frauen nicht trauen, Kinder zu bekommen. Eigentlich müsste ein Unternehmen sagen: „Was kann mir denn besseres passieren, als eine Frau einzustellen, die Kinder bekommen und aufgezogen hat?" Als Mutter muss sie sich abstimmen und koordinieren. Diese Kompetenz ist doch ein Gewinn.

Trotzdem ist es bei uns so, dass man die Frau ohne Pause im Unternehmen bevorzugt, weil sie kontinuierlich dabeigeblieben ist und unternehmensintern die größeren Kenntnisse hat.

Wir haben über die Schwierigkeit der Vergleichbarkeit von Bildungssystemen gesprochen. In diesen Vergleichen gilt Skandinavien stets als Referenz.

Finnland, Norwegen oder Schweden sind riesige Flächenländer mit geringer Bevölkerungsdichte und kleineren Klassen. Somit ist es deutlich einfacher für die Lehrkräfte, sich um die Kinder zu kümmern. Die Regelklassen an deutschen Gymnasien haben fast doppelt so viele Schülerinnen und Schüler wie finnische Schulen.

Neben der Klassenstärke differiert auch das Notensystem. In Schweden gibt es die ersten acht Jahre gar keine Noten. In Deutschland würde ein Aufschrei folgen. Die Motivation scheint sich nicht aus den Noten zu ergeben.

Es gibt die Meta-Studie des neuseeländischen Bildungswissenschaftlers John Hattie, der herausgefunden hat, dass für einen „guten Unterricht" die Lehrerpersönlichkeit entscheidend sei. Die kann sich natürlich in kleinen Klassen besser entfalten. In den meisten skandinavischen Ländern können sich die Lehrenden auf ihr Kerngeschäft konzentrieren: den Unterricht. Für die Administrativa gibt es weitere Mitarbeiter. Bei uns ist der Lehrer gleichzeitig Verwaltungsangestellter, der sich mit unheimlich viel Bürokratie herumschlägt. In jedem Krankenhaus gibt es neben dem Chefarzt auch einen Verwaltungsleiter. Schulleiter erfüllen gleich mehrere Funktionen: Sie unterrichten, verwalten und repräsentieren. Das sollten wir entzerren. Das wäre ein neues Modell, das mit Sicherheit zum Aufschrei der Finanzierbarkeit führen würden. Aber vielleicht lässt sich viel bereits über eine gute Software lösen? Warum kommen Sparkassen und Versicherungen gut damit klar, aber an Schulen ist alles Handarbeit? Ich glaube, wir müssten einfach die Fähigkeit haben, das Beste aus unterschiedlichen Systemen herauszuholen. Man muss nicht alles vergleichen und anpassen, aber ein Blick über den Tellerrand und Offenheit im Denken sind von Vorteil.

Was wäre denn ein nachahmungswürdiger Prozess?

Ich war vor einigen Jahren in Ohio. Man plante eine neue Grundschule, die durch Strafen der Tabakindustrie finanziert wurde. Als ich 2012 wieder zu Besuch kam, war die Schule fertig: helle

Klassenräume, Smartboards und Lehrerarbeitsplätze mit Computern. Das erleichtert im Lehrerzimmer auch deutlich die Kommunikation. Die Lehrer unterhalten sich miteinander. Hierzulande sind Lehrer Einzelkämpfer.

Derartige Investitionen wären heutzutage angeblich nur durch Privatwirtschaft finanzierbar, heißt es häufig. Gerät dadurch nicht die Unabhängigkeit der Bildung in Gefahr?

Ich wäre auf jeden Fall dagegen, wenn sich einzelne Konzerne an Schule breit machen würden. Ich will keine Siemens-Klasse und keine Deutsche-Bank-Schule. Denkbar wäre hingegen ein Fond, an dem sich Unternehmen beteiligen. Es sollte kein Denkverbot gegen neue Systeme geben, aber man muss stets die Machbarkeit im Blick haben. Nehmen wir zum Beispiel den Schulbeginn. Mancherorts geht es um 7.45 Uhr los, andere Schulen beginnen um

Acht und die Dritten Viertel nach Acht. Das letztere käme den meisten Schülerinnen und Schüler entgegen, denn Wissenschaftler haben herausgefunden, dass die Leistungsfähigkeit junger Menschen vor neun Uhr nicht optimal ist. Trotzdem muss man einen gewissen Rahmen einhalten. Wenn jetzt alle sagen, wir fangen erst um viertel nach Acht an, dann wird die doppelte Menge an Bussen und Busfahrern benötigt, das funktioniert nicht.

Wäre es nicht sinnvoller, lieber mehr Busse einzusetzen, die dann eben später losfahren. Das klingt toll. Aber es muss ja einer finanzieren und dafür bin ich zu sehr Kommunalpolitiker: Ich würde die doppelte Anzahl an Bussen kaufen, die aber nur die Hälfte der Zeit fahren.

Ein trauriges Phänomen, das sich leider immer wieder ereignet, sind Amokläufe. In Deutschland

lassen sich die ersten Taten bereits Ende des 19. Jahrhunderts nachweisen. Aber bis Ende des 20. Jahrhunderts fanden Amokläufe nur vereinzelt statt. Wobei auffällig ist, es dass die Taten in Bundesländern stattfinden, in denen die Schulkarrieren ein abruptes Ende fanden.

Ich glaube, Druck ist auch an Bildungseinrichtungen wichtig. Der Mensch funktioniert mit Druck besser als ohne, weil bestimmte Hormone aktiviert werden, die uns helfen, Aufgaben zu bewältigen. Aber Druck darf nicht damit verwechselt werden, Menschen Perspektiven zu nehmen. Das Christentum kennt das Verzeihen. Das ist schon in der Bibel nachzulesen, dass jeder eine zweite Chance verdient hat. Das gilt auch für Prüfungen. Jeder kann einen schlechten Tag haben, das darf nicht zum Schulausschluss führen. Aber das ist nur ein marginaler Teilaspekt der Amokläufe. Psychologische Dispositionen und eine Vorgeschichte, in der Mobbing und Ausgrenzung eine Rolle spielen, spielen eine größere Rolle. Diese Konflikte können nicht über Prüfungsordnungen der Schulabschlüsse gelöst werden. Da müssen Eltern, Lehrer, Betroffene und Mitschüler/-innen an einen Tisch.

Biografien

Martin Bäumer

Bereits 1986 trat Bäumer in die CDU und die Junge Union ein. Nach dem Abitur und dem Grundwehrdienst absolvierte der Glandorfer eine Ausbildung zum Sparkassenkaufmann bei der Sparkasse Osnabrück. Nach dem berufsbegleitenden Studium der Finanzökonomie an der European Business School in Oestrich-Winkel wurde Bäumer 2003 stellvertretender Abteilungsleiter Vertriebssteuerung Individualkunden bei der Sparkasse Osnabrück.

Seit 20 Jahren ist Bäumer Mitglied des Gemeinderats und im Kreistag vertreten. 1998 wurde er Vorstandsmitglied des CDU-Kreisverbandes Osnabrück-Land, im Jahr 2001 stellvertretender Vorsitzender der CDU-Kreistagsfraktion und im Jahr

2011 Vorsitzender der CDU-Kreistagsfraktion sowie Vorsitzender der CDU/FDP/UWG-Gruppe im Kreistag.

Bäumer ist verheiratet und lebt mit seinen vier Kindern in Glandorf.

Hanna Falkenstein

Autorin und Kulturwissenschaftlerin.

Lebt und arbeitet in Berlin.

Ronald Ehlert-Klein

Arbeiten für Theater, Hörspiel, Film sowie als Redakteur für Theater und Filmbildung. Lebt und arbeitet in Berlin.

MIX

Papier | Fördert
gute Waldnutzung

FSC® C083411

Zeitfracht Medien GmbH
Ferdinand-Jühlke-Straße 7
99095 Erfurt, Deutschland
produktsicherheit@kolibri360.de